AF221042

Ecuador lieben lernen

Der perfekte Reiseführer für einen unvergesslichen Aufenthalt in Ecuador inkl. Insider-Tipps und Packliste

Sonja Amelsberg

Alle Ratschläge in diesem Buch wurden sorgfältig erwogen und geprüft. Eine Garantie kann dennoch nicht übernommen werden. Eine Haftung für jegliche Personen-, Sach- und Vermögensschäden ist daher ausgeschlossen. Die Benutzung dieses Buches und die Umsetzung der darin enthaltenen Informationen erfolgt ausdrücklich auf eigenes Risiko.

INHALT

Das erwartet Sie in diesem Buch

Ecuador ist Ihnen noch gänzlich unbekannt? Viele Reisende denken bei Lateinamerika zunächst an Peru oder Bolivien. Was nicht bedeutet, dass die unscheinbareren Länder der Region weniger sehenswert sind, ganz im Gegenteil. Für Ecuador trifft das Sprichwort „Klein, aber oho“ zu: Ob bis zu über 6.000 Meter hohe Vulkane, lange Sandstrände oder dichter Regenwald – das kleine Land am Äquator hat es in sich!

Ecuador begeistert Reisende aus aller Welt mit

einer außergewöhnlichen Vielfalt an Flora und Fauna. Sowohl landschaftlich als auch kulturell gibt es einiges zu entdecken. Das vielfältige Festland ist aber nur ein Teil Ecuadors. Die Galapagosinseln gehören ebenfalls dazu. Der Archipel, den Charles Darwin durch seine Forschungsarbeiten bekannt gemacht hat, hat eine ganz eigene Tier- und Pflanzenwelt zu bieten. Nicht ohne Grund nennen Einheimische ihre Heimat das *Land der vier Welten*. Tauchen auch Sie ein in ein Paradies auf Erden. Zudem können Sie die ecuadorianische Kultur dank einiger Einblicke in das Alltagsleben hautnah miterleben. Ob Kurzurlaub oder monatelange Backpackingtour. Ob exklusive Luxusreise oder Trip mit kleinem Budget. Dieses Buch enthält von nützlichen Tipps bis zu Insiderwissen alles, was Sie für Ihre Reise benötigen. Neben spannenden Informationen und exklusiven Geheimtipps bekommen Sie ein ausgearbeitetes Beispielprogramm für Ihre Rundreise.

Ein Land, vier Welten

Ecuador gilt bei vielen Südamerikareisenden noch als echter Geheimtipp. Das beschauliche Land steckt voller sehenswerter Orte, die alle recht nah beieinander liegen und doch völlig gegensätzlich erscheinen. Ob die Küste mit langen Sandstränden, die Anden, der Regenwald oder die Galapagosinseln:

Jede Region ist sehenswert und hat ihre eigene Flora und Fauna, Landschaft und Kultur. Auch das Klima ist in jedem Gebiet ein anderes. Im Folgenden bekommen Sie einen Einblick in das ganze Land. Von Westen nach Osten auf dem Festland und schließlich über See bis zu den Galapagosinseln.

TRAUMHAFTE STRÄNDE: DIE KÜSTE

Die *Costa* erstreckt sich über den gesamten Westen des Landes. Lange Sandstrände laden zum Surfen, Baden oder Sonnen ein. Am Pazifik gibt es zwei Jahreszeiten. Von etwa Mai bis Dezember ist *verano,* also Sommer. Dies sind die trockenen Monate. Einige Einheimische beschreiben die Temperaturen als frisch, man könnte sie mit dem deutschen Hochsommer mit etwa 30 Grad vergleichen. Der Winter, *invierno,* ist die Regenzeit und die noch heißere Hälfte des Jahres. Direkt an der Küste ist in diesen Monaten Strandsaison, da das Meer warm ist und der Himmel meist blau. Etwas weiter im Landesinneren ist es durch die hohe Luftfeuchtigkeit nach Regenfällen sehr schwül. Die Regenfälle können sehr stark oder in manchen Jahren auch schwächer sein. Regentage im November oder April in Deutschland können etwa vergleichbar sein. Manchmal ist es nur ein

Schauer, manchmal hält der Regen auch mehrere Tage an.

An der Küste befindet sich Ecuadors größte Stadt, Guayaquil. Die Metropole lädt zu einem entspannten Spaziergang über die Uferpromenade „Malecon 2000“ ein. Die Straßen zwischen den bunten Häusern des Künstlerviertels „Las Penas“ sind ebenfalls sehenswert.

Vom Hügel „Cerro Santa Ana“ bietet sich ein toller Blick auf die beleuchtete Stadt. Hier befindet sich das Wahrzeichen Guayaquils, ein hellblau-weiß gestreifter Leuchtturm. Auch das Riesenrad „La Perla“ verschafft unvergessliche Panoramablicke auf die Stadt.

Die Strände des Festlandes Ecuadors sind eher unspektakulär. Meistens sind sie weitläufig und es gibt kleinere Wellen. In einigen Regionen kann man surfen oder tauchen. Der Hausstrand *Playas* ist etwa eine Stunde Autofahrt von Guayaquil entfernt. Viele Stadtbewohner verbringen gerne das Wochenende dort. Das Strandbad „Playas“ ist auch dementsprechend voll. Es tummeln sich bunte Sonnenschirme und Eisverkäufer am langen Sandstrand.

Montanita ist als Partyort bekannt. Die Strände

des Städtchens sind von Bars gesäumt und es wird bis spät in die Nacht gefeiert. Der Ort ist besonders beliebt bei Jugendlichen.

Die weniger touristischen Küstenorte sind entspannte, ruhige Fischerdörfer.

Ein besonderes Erlebnis ist es, in *Puerto López* Wale zu beobachten. Von Juli bis September halten sich die riesigen Tiere mit etwas Glück vor dem kleinen Küstenort auf. Die Buckelwale bringen ihre Jungen an der wärmeren Pazifikküste zur Welt, bevor sie wieder zurück in die Antarktis schwimmen. Auf der Insel *Isla De La Plata*, die als „kleines Galapagos" bekannt ist, können Sie die Blaufußtölpel beim Paarungstanz entdecken. Die einzigartige Vegetation kann auf einer geführten Wanderung über die Insel bestaunt werden. Auch die Unterwasserwelt um die Insel lädt zum Schnorcheln ein.

Einige Bewohner der Anden bezeichnen die Küstenbewohner als *Monos* („faule Affen"). Ob die Bezeichnung davon kommt, dass manche Fischer sich nach getaner Arbeit gerne in ihrer Hängematte ausruhen und eine eisgekühlte Kokosnuss schlürfen?

Typische Produkte dieser Region sind handgewebte Hängematten oder Strohgeflechte. Neben Korbstühlen sind das vor allem Strohhüte. Der berühmte Panamahut kommt übrigens ursprünglich aus Ecuador! Der Name müsste also eigentlich geändert werden ...

Die Küche der Küste besteht selbstverständlich vor allem aus Meeresfrüchten und Fisch. Ein typisches Gericht ist die Fischsuppe *Encebollado*. Gerne essen die Einheimischen die Brühe mit frischem Fisch, Kochbanane und Yuka zum Frühstück. Dazu werden *Chifle,* Kochbananenchips, gereicht. Limette und Chili zum Würzen sind dabei ein Muss. Eine Spezialität Guayaquils ist außerdem Krebs. Während der Krebssaison bieten Verkäufer die Tiere fangfrisch, lebend am Straßenrand an. Das Krebsessen ist ein richtiges Spektakel, die ganze Familie sitzt mit kleinen Brettchen und Hämmerchen um den riesigen Krebstopf und „erarbeitet" sich das Essbare. Da hauptsächlich die Beine Essbares enthalten, kann sich das Essen in die Länge ziehen, bis alle satt sind. Dazu gibt es Reis, außerdem Kochbananen und den Sud der Krebse als Suppe.

ATEMBERAUBENDE LANDSCHAFTEN: DIE SIERRA

An die Küste grenzen die Anden Ecuadors. Durch die Gebirgskette mit einer Höhe von bis zu über 6.000 Metern, die sich von Norden nach Süden des Landes erstreckt, ändert sich das Klima drastisch. Tagsüber kann es in der prallen Äquatorsonne sehr heiß werden. Ziehen jedoch Wolken auf oder geht die Sonne unter, bricht eine schneidende Kälte herein. Mit dem Klima ändern sich Flora und Fauna ebenfalls stark. Statt Palmen sieht man Eukalyptusbäume, um welche Kolibris flattern. Besonders bekannt aus der Tierwelt der Sierra sind Lamas oder der Wappenvogel Ecuadors, der Kondor. In den vielen Nationalparks können besonders Vögel gut beobachtet werden.

Auch die Kultur scheint im Vergleich zur Küste die eines anderen Landes zu sein. Die Andenbewohner tragen andere Kleidung als die Ecuadorianer der Küste. Man sieht Ponchos und Röcke oder Tücher aus traditionellen Stoffen. Sollten Sie der spanischen Sprache mächtig sein, werden Sie bemerken, dass auch ihr Akzent ein anderer ist. Gerade die vielen kleinen, oft sehr katholischen Dörfer stecken voller

Traditionen. So hat jede Region ihre Feste zu Ehren bestimmter Heiliger oder zum Beispiel zur Erntezeit verschiedener Früchte. Die meisten Familien in den ländlichen Gebieten besitzen einen kleinen Hof mit einigen Hühnern oder Kühen. Außerdem bauen viele auf kleinen Landstücken Gemüse oder Obst an. Dieses wird dann gerne erntefrisch am Straßenrand verkauft.

Mit dem Klima ändern sich die Anbauprodukte. Kokosnussstände der Costa weichen beispielsweise den Verkäufern von Zuckerrohr. Auch wird mehr Fleisch als Fisch verzehrt und Kartoffeln und Mais stellen beliebte Beilagen dar. Jede Region des Hochlandes hat ihre eigenen Spezialitäten. Gegrilltes Meerschweinchen (Cuy) stellt eines der außergewöhnlichsten Speisen dar. Traditionell verzehren Ecuadorianer es nur zu besonderen Anlässen. Neugierige Touristen können das zarte Fleisch jedoch auch in vielen Restaurants probieren. Auch verschiedene Suppen zählen zu den Spezialitäten der Region. So zum Beispiel der cremige Kartoffeleintopf *Locro de papa.* Eine beliebte Nachspeise ist *Helado de paila* (etwa „Pfanneneis"). Fruchtsaft wird auf eine Bronzeschale gegossen, welche auf einem Eisbett gekühlt wird. Auch ohne Tiefkühltruhe konnten die Andenbewohner dieses Sorbet mit Gebirgseis herstellen. Man erhält das Dessert in allen erdenklichen Geschmacksrichtungen an vielen Straßenständen oder in Eisdielen.

In der „Mitte" Ecuadors befinden sich viele schöne Kolonialstädte. Die Hauptstadt Quito sollten Sie nicht verpassen! In der Innenstadt der höchstgelegenen Hauptstadt der Welt sieht man an jeder Straßenecke prunkvolle Kirchen. Vor allem die Kirche *La Compania,* die als eine der schönsten Ecuadors gilt, ist sehenswert. Der historische Stadtkern mit den verwinkelten Gassen ist Weltkulturerbe. Die ganze Stadt können Sie aus etwa 4.000 Metern vom Vulkan *Pichincha* überblicken. Die Seilbahn *Teleferiqo* führt vom Stadtrand zu diesem Aussichtspunkt. Eine Kapelle kann auf dem „Hausberg" besucht werden, es kann gewandert oder eine Runde geritten werden. Auch vom Denkmal „Panecillo sehen Sie Quito in Spielzeuggröße. Ebenso die umliegenden Vulkane, welche die ganze Stadt umgeben. Am Abend ist die Künstlergasse „Calle La Ronda" ein beliebter Treffpunkt. Bei Straßenmusik wird dort die ganze Nacht getanzt und Künstlerwerkstätten sind für Besucher geöffnet. Neben beeindruckenden Kolonialbauten befindet sich das Äquatordenkmal *Mitad del Mundo* (Mitte der Welt) nahe Quito. Der touristische Komplex beinhaltet das berühmte Monument und verschiedene Museen. Besucher erfahren viel über die ecuadorianische Kultur und Geschichte. Im Eismuseum lernen Sie beispielsweise, wie das traditionelle „Pfanneneis" *Helado de paila* mit Gletschereis hergestellt wird. Eigene Schokolade können Sie im Kakaomuseum herstellen und vieles über das bei uns beliebte Produkt erfahren.

Die Kolonialstadt Cuenca lädt ebenfalls zum Erkunden ein. Neben vielen ausgezeichneten Museen möchten die vielen Kirchen und Regierungsgebäude bestaunt werden. In einem der schönen Parks lässt sich das Bergpanorama außerdem genießen. Das typische Gericht der Stadt, *Motepillo,* besteht aus einer speziellen Maisart. Ob als Snack am Straßenrand oder als Beilage im Restaurant, Sie sollten es unbedingt in der Stadt genießen.

Nahe Cuenca liegen die berühmten Inkaruinen **Ingapirka,** welche die traditionelle Inkakultur nahebringen.

Ein weiterer Höhepunkt der *Sierra* stellt der

Samstagsmarkt in dem kleinen Ort Otavalo dar. An unzähligen, kunterbunten Ständen werden Textilien und Webwaren, Kunsthandwerke und traditionelle Souvenirs verkauft. Das riesige Spektakel lockt neben Einheimischen auch viele Touristen an. Aus allen Straßenecken schallt traditionelle Andenmusik, die sich mit dem Warenanpreisungen der vielen Händler mischt.

Neben schönen Städten bietet das Gebirge ebenfalls ansprechende Möglichkeiten zum Wandern, Radfahren und Klettern. In den Anden befinden sich wunderschöne Lagunen, Wasserfälle und unbeschreibliche Panoramaaussichten.

Bekannt für ihr smaragdgrünes Wasser ist die Lagune *Quilotoa.* Der Kratersee liegt auf über 3.000 Metern Höhe und ist bei Naturliebhabern beliebt.

Die Thermalbäder der Sierra erfreuen sich besonders bei Einheimischen großer Beliebtheit. Das heiße, schwefelhaltige Wasser kommt beispielsweise im Wallfahrtsort *Baños* direkt vom nahen Vulkan *Tungurahua.* Viele Ecuadorianer schwören auf die heilsame Wirkung der sogenannten „heiligen Wasser“ und nehmen regelmäßig Bäder in den Quellen. Der Ort ist außerdem für seine schöne Natur bekannt. Die malerischen Landschaften mit zahlreichen Wasserfällen locken viele Touristen in das Städtchen. Die naturbelassenen Hänge um die Stadt sind voller Orchideen und Eukalyptuspflanzen. *Yapingachu* mit Kartoffeltalern, Spiegelei, Erdnusssauce und Würstchen ist das traditionelle Gericht der Stadt. Dazu trinkt man gerne Zuckerrohrsaft. Es besteht des Weiteren die Möglichkeit, das berühmte *Cuy* zu kosten.

Die „Ruta de las Cascadas" im atemberaubenden Bergpanorama ist von unzähligen Wasserfällen gesäumt. Der größte, der „Pailon del Diablo", wird „Teufelsnase" genannt. Die Hängebrücke lässt Sie die rauschenden Wassermassen aus der Nähe bestaunen. Nutzen Sie die gut ausgebauten Radwege und radeln Sie stets leicht bergab durch das malerische Panorama. Zurück geht es für Erschöpfte dann per Bus. Baños ist in Ecuador besonders für eines bekannt: Extremsportarten. Ob Bungee Jumping, Wasserfallklettern oder Rafting. Hier kann alles ausprobiert werden.

UNBERÜHRTE NATUR: DER ORIENTE

Das Amazonasgebiet erstreckt sich von den Anden beginnend die gesamte Ostgrenze Ecuadors entlang und ist sehr dünn besiedelt. Zwar gibt es einige Städte und gut ausgebaute Straßen sowie Flugplätze. Weite Teile des Regenwaldes sind jedoch noch unerschlossen. So leben in den Tiefen des Dschungels noch heute Volksstämme, die noch nie Kontakt zur Außenwelt hatten. Das Klima ist heiß und die Luftfeuchtigkeit hoch, etwa wie in einem Gewächshaus.

Um diese Region Ecuadors als Tourist besuchen zu können, muss man sich einer Tour anschließen. Hierfür gibt es viele Anbieter, zuvor sollten Sie sich jedoch gut informieren. Größere Agenturen sind normalerweise seriös.

Der „Nationalpark Yasuní" ist der größte Nationalpark Ecuadors. Er ist wegen seiner hohen Artenvielfalt bekannt. Nicht nur die Tierwelt des Biosphärenreservates ist einzigartig. Der Park gilt als Ort mit der mit Abstand größten Anzahl verschiedener Baumarten pro Hektar. Einige indigene Völker bewohnen die Region. Sie leben vorrangig von Jagd oder Fischfang. In den letzten Jahren ist leider auch die Erdölförderung zu einem immer wichtigeren Wirtschaftszweig geworden. Einige Stämme haben ihre großen Landflächen für einen viel zu niedrigen Preis an Erdölfirmen, meist aus China, verkauft. Diese machen nun riesige Gewinne, wovon wenig im Land Ecuador bleibt. Heute gibt es natürlich auch Internet und Fernsehen in vielen Dörfern. Besonders Jugendliche orientieren sich eher an für sie aufregend wirkenden Städten und kehren den Traditionen ihrer Heimatstämme zunehmend den Rücken zu.

Ein recht neuer Wirtschaftszweig ist der Tourismus. Es wird besonders auf ökologischen Tourismus Wert gelegt. Die Besucher wohnen in Lodges, welche häufig solarbetrieben sind. Mit einem erfahrenen Guide können sie ausgewählte Bereiche des Regenwaldes in Kleingruppen kennenlernen. So führen im Idealfall Einheimische die Touristen durch den Regenwald, erklären viel zu der Flora und Fauna ihrer Heimat und haben so ein gutes Einkommen. Häufig verkaufen Frauen zudem selbstgemachten Schmuck aus Samen an die Touristen. Einige Stämme laden die Gruppen sogar zu sich in die Dörfer ein. Schauen Sie traditionellen Tänzen zu und erfahren Sie viel über die Geschichte der Völker aus erster Hand! Selbstverständlich können vor Ort typische Gerichte kennengelernt werden.

Vor allem Kochbanane und Yuka zählen zu den Grundnahrungsmitteln. Des Weiteren wird viel Fisch verzehrt. Gerne wird Tilapia als *Maito* in einem großen Kochbananenblatt eingewickelt gegrillt. Ein beliebtes Getränk ist *Chicha*. Meist wird Yuka aber auch Mais oder Quinoa gekaut und ausgespuckt. Dadurch kommt es nach einigen Tagen zur alkoholischen Gärung. Dieses „Spuckbier“ wird in Ritualen zur Begrüßung von Gästen oder auf Festen getrunken.

Im *Oriente* wachsen einige sehr außergewöhnliche Früchte. So zum Beispiel die „wilde Weintraube“. Ihr Geschmack erinnert an dunkle Weintrauben. Die Schale ist jedoch ungenießbar und die runden, lilafarbenen Früchte haben einen großen Kern, etwa wie Kirschen.

Auch über medizinische Pflanzen kann im Regenwald viel gelernt werden. Im Gegensatz zum sonst sehr katholischen Ecuador glauben die meisten Stämme dort an die Mutter Erde und haben eine eigene Medizin, die von Schamanen in Ritualen eingesetzt wird.

Tauchen Sie im Rahmen einer Tour in die unbeschreibliche Welt des Regenwaldes ein. Das Amazonasgebiet begeistert viele Reisende ganz besonders. Die Atmosphäre im *Oriente* ist einmalig! Die Geräusche und Gerüche werden Sie nicht so schnell vergessen. Vor allem die wilden Tiere, die Sie mit etwas Glück beobachten können, machen die Reise in den Osten Ecuadors zum traumhaften Erlebnis. Dabei darf man sich nicht vorstellen, dass die Tiere wie im Zoo am Wegesrand auf Bäumen sitzen und für die Kamera posieren. Das Besondere an der Fauna des Regenwaldes ist, dass die Tiere sich im dichten Dickicht der Bäume verstecken und sie regelrecht gesucht werden müssen. Diese Expeditionen, ob zu Fuß oder per Kanu, bereitet dabei besondere Freude. So können Sie verschiedene Affenarten, Faultiere oder rosafarbene Amazonasdelfine entdecken. Zu weiteren Höhepunkten zählen viele verschiedene Vögel wie Papageien oder Tukane. Ganz zu schweigen von unzähligen Insekten oder Schlangen.

Nach Sonnenuntergang verwandelt sich der Regenwald in einen ganz besonderen Ort. In der völligen Dunkelheit ist der Sternenhimmel selbstverständlich sehr gut zu sehen. Auch kann man regelrecht von „Lärm" der Grillen und Frösche sprechen. Die kleinen Tiere hört man meterweit.

Mit der Taschenlampe entdecken Sie am Wasser womöglich sogar die feuerroten Augen eines Kaimans in der Dunkelheit. Auch viele Spinnen zeigen sich erst nachts, ebenso Fledermäuse.

PARADIESISCH: DIE GALAPAGOSINSELN

Bei diesem Naturwunder kann man wirklich von einer anderen Welt sprechen. Der Archipel liegt etwa 1.000 km vom Festland entfernt und hat eine einmalige Flora und Fauna. Die über 100 Inseln stehen unter strengem Naturschutz und der Tourismus dort wird stark kontrolliert.

Der unvorstellbare Artenreichtum der Galapagosinseln lockt Naturwissenschaftler aus aller Welt an. Viele der Tiere und Pflanzen sind endemisch, kommen also weltweit nur dort vor. So konnte Charles Darwin seine Evolutionstheorie nach Forschungsarbeit auf den Inseln entwickeln.

Die vulkanischen Inseln bestehen häufig aus schwarzem Gestein. Die meisten der paradiesischen Strände bestehen jedoch aus weißem Sand und das Meerwasser strahlt türkisblau. Zu den bekanntesten Tieren gehören die Galapagos-Riesenschildkröte und der Galapagos-Landleguan. Sie kommen ausschließlich an diesem Ort vor. Auch der Galapagos-Pinguin oder der Galapagos-Seelöwe sind endemisch. Bekannte Vögel sind beispielsweise die Blaufußtölpel oder Darwinfinken. Sogar Flamingos oder Pelikane kann man auf dem Archipel entdecken. Ganz zu schweigen von vielen verschiedenen Meeresbewohnern. In den fischreichen Gewässern um die Inseln leben Delfine, Wale und Haie. Auch Orcas oder Rochen können beim Schnorcheln oder Tauchen bestaunt werden. Zwischen unzähligen kunterbunten Fischen tummeln sich Wasserschildkröten. Außerdem kommen auf den Inseln hunderte heimische Pflanzenarten vor.

Möchte man die *Islas Galápagos* besuchen, wird das Gepäck stark kontrolliert. Damit soll verhindert werden, dass durch die Einfuhr von zum Beispiel Samen andere Pflanzen unfreiwillig auf die Inseln gelangen. Viele Touristen besichtigen mit Kreuzfahrtschiffen die Inseln. Es ist jedoch auch möglich, von einer der vier bewohnten Inseln aus Tagestouren zu machen (siehe Reisen mit kleinem Budget). Nach den Nationalparkregeln dürfen diese jedoch nur von Kleingruppen mit einem gut ausgebildeten Guide besucht werden. Dieser achtet darauf, dass alle Touristen auf den markierten Wegen bleiben und sich den Tieren nicht zu sehr nähern. Auch ist es untersagt, Pflanzen zu pflücken oder Muscheln und andere „Andenken“ mitzunehmen. Als Mensch ist man noch tatsächlich Besucher der Inseln. Die Tiere lassen sich nicht von den Touristen stören und scheinen kaum Angst vor ihnen zu haben.

Durch die Äquatornähe ist es auf Galapagos meistens heiß. In der „Regenzeit“ regnet es alle paar Tage mal ein wenig, sonst ist es eher trocken. Die Wassertemperatur ist zu Beginn des Jahres etwa 20 Grad angenehm warm. Im Juni oder Juli kann es durch kalte Strömungen kühler im Wasser werden. Die Touristenführer haben hierfür meist Neoprenanzüge parat. Wegen der verschiedenen Paarungs- und Brutzeiten der Tiere kann in verschiedenen Monaten auf verschiedenen Inseln eine jeweils andere Fauna bestaunt werden. Somit ist es empfehlenswert, sich vor der Reiseplanung die Sperrzeiten der verschiedenen Inseln anzuschauen, um möglichst viele Bereiche besuchen zu können. Im Internet finden sich hierfür entsprechende Pläne. Grundsätzlich sind die Inseln das ganze Jahr über bereisbar.

Der englische Forscher Charles Darwin betrat die Inseln erstmals 1835. Er erforschte die Tiere und Pflanzen des Archipels. Die Erkenntnisse dienten ihm als Grundlage für die revolutionäre Evolutionstheorie. In der „Charles Darwin Forschungsstation" auf der Isla Santa Cruz können Besucher einiges über den Entdecker erfahren. Die gesamte Entstehung der Galapagosinseln ist hier erklärt und Forscher aus aller Welt arbeiten in der Station.

Um zu den Inseln zu gelangen, fliegt man von Guayaquil etwa zwei Stunden. Der Flughafen befindet sich auf der kleinen *Isla Baltra.* Von dort gelangt man per Boot auf die bewohnte *Isla Santa Cruz,* von welcher die meisten Kreuzfahrten starten. Die Anreise vom Festland aus per Boot ist nicht zu empfehlen, da das große Wasserschutzgebiet teilweise gesperrt ist und die Überfahrten gegebenenfalls illegal durchgeführt werden.

Geschichte

Im 15. Jahrhundert bewohnten Inka von den Stämmen „Chimu“ und „Chibcha“ das heutige Staatsgebiet Ecuadors. Quito wurde nördliche Hauptstadt ihres Reiches, das sich bis in das heutige Kolumbien erstreckt. Das ab dem 16. Jahrhundert zweigeteilte Inkareich wurde im Norden vom Inkakönig Atahualpa regiert, im Süden von dessen Bruder Huascar. Christoph Kolumbus betrat Amerika 1492. Von da an wurden weitere Seewege entdeckt und die Kolonialherrschaft begann. Mit der Ankunft der Spanier 1532 wurde Lateinamerika 300 Jahre lang ausgebeutet und kolonialisiert.

Nach der Unabhängigkeit schuf Simon Bolivar

1823 „Großkolumbien", zu dem auch Ecuador zählt. Aus dem Zerfall dieses Reiches entstand sieben Jahre später die Republik Ecuador. Es folgten viele politische und wirtschaftliche Unruhen im Land. Erdöl, Bananen und Kakao brachten zwar zeitweise gute Einnahmen, welche nicht zuletzt durch Korruption zunichte gemacht wurden.

Ab 1979 begann ein Demokratisierungsprozess, der jedoch bis heute die Probleme der Korruption nicht vollständig beseitigen konnte. Durch häufige Wahlen und diverse politische Skandale hat der Präsident zudem bei vielen Bürgern an Glaubwürdigkeit verloren.

Kultur

KULINARISCHE GENÜSSE

Andere Länder, andere Sitten – Das gilt besonders auch für das Essen. Wie typischerweise in Ecuador gespeist wird, erfahren Sie in diesem Kapitel.

Frühstück

Gerade in Guayaquil ist morgens ein sehr deftiges Gericht beliebt. Die *Encebollado*, eine Suppe mit Fisch oder Hähnchen. Dazu dürfen *Chifles*, Kochbananenchips, nicht fehlen. Diese streut man sich in die Suppe oder knabbert sie dazu. Generell fehlt in Ecuador niemals der Reis! Viele Ecuadorianer mischen noch einen Teller Reis in die Suppe. Abgerundet wird das Gericht mit Limettensaft. Traditionell wird diese Speise sonntagmorgens gegessen, aber auch unter der Woche sind die Straßenstände mit *Encebollado* gut besucht.

Kochbananen dort können mit unseren Kartoffeln verglichen werden. Sie dürfen auch in anderen Gerichten morgens nicht fehlen. Der *Bolón* besteht aus zermatschter frittierter Kochbanane, die mit Butter und Käse oder Wurst (oder beidem) gemischt wird. Aus dieser Masse wird dann eine etwa tennisballgroße Kugel geformt, die warm gerne mit einer Tasse Kaffee serviert wird. Dieses Getränk ist in Ecuador fast immer Instantkaffee. Abgesehen von amerikanischen Ketten in Malls oder der Innenstadt, wo Bohnenkaffee verkauft wird, gibt es auch in Cafés oder Restaurants keine Bohnen. Bestellt man Kaffee, bekommt man gewöhnlich eine Tasse heißes Wasser mit Löffel sowie eine Dose Zucker und ein Glas Instantpulver auf den Tisch gestellt. Wie Sie sich vorstellen können, ist der *Bolón* ein sehr sättigendes Frühstück. Wem der „Ball" alleine dennoch nicht reicht, kann ihn auch mit Spiegelei und einer Art Gulasch bestellen.

Eine weitere, ähnliche Speise für den Morgen ist die *Tortilla de Verde,* Kochbananenfladen. Sie sind mit Käse gefüllt und angebraten. Für den kleineren Hunger wird in der Frühe an jeder Ecke auch *Toastada con Batido* angeboten. Ein Käse-Schinken-Toast wird mit einem Milchshake bestehend aus Früchten, Eiswürfeln, Milch und Zucker verkauft. Wer möchte, isst dazu hartgekochte Eier.

Eine beliebte Speise in der Frühe ist die *Humita.* Dieser Maiskuchen besteht aus ecuadorianischem Mais, dem *Choclo*. Für den Teig mischt man diese Pflanze gemahlen mit Butter, Eiern und Gewürzen und wickelt alles in Maisblätter. Nach Belieben kann sie zudem mit Käse gefüllt werden. Das Ganze wird dann gekocht. Die *Humita* ist etwas größer als ein Brötchen und hat eine Konsistenz wie Grieß. Der Geschmack ist süßlich und sie wird heiß gegessen.

Almuerzo

Nachdem Sie das ecuadorianische Frühstück ein wenig kennenlernen konnten, erfahren Sie nun etwas über das Mittagessen in Ecuador:

Das *Almuerzo* gibt es an jeder Straßenecke für wenige Dollar. Das Mittagsmenü beinhaltet eine Suppe, ein Hauptgericht und einen Saft.

Die Suppe bei Hitze zu genießen, fällt Europäern anfangs nicht selten schwer. Gewöhnt man sich an das warme Klima, ist ein Mittagessen ohne *Sopa* bald kaum denkbar. Es ist meistens eine Brühe mit einem Stück Hähnchenfleisch oder Fisch sowie etwas Gemüse oder Kartoffeln. Eine besondere Spezialität sind Klöße aus Kochbanane. Diese *Bolos* sind mit Gemüse und Fleisch gefüllt und aufwendig zuzubereiten. Sie werden gerne als Suppeneinlage verwendet.

Das Hauptgericht besteht immer aus einem: Reis! Dazu kommt ein Stück Fleisch oder Fisch. Auch Nudeln oder Kartoffeln werden manchmal dazu serviert, immer aber mit dem Reis. Fast in jedem Restaurant bekommt man DAS Leibgericht der meisten Ecuadorianer. Reis mit Hähnchen. Ob das Fleisch in einer Soße ist oder mit einer Art Linseneintopf als Soße, der *Menestra*, serviert wird. Viele der Menschen sind verrückt nach der Speise. Garniert wird der Teller manchmal mit etwas Salat. Auch Kochbanane wird in Form von Chips, den *Chifles*, oder frittierten Fladen, den *Patacones*, dazu serviert.

Das Getränk dabei ist ein meist sehr süßer Saft, der Jugo.

Tatsächlich variiert die Speisekarte Ecuadors des Weiteren kaum. Man trifft auch selten auf internationale Restaurants. Häufig sind chinesische

Restaurants mit der Reispfanne *Chaulafan* zu sehen. Das Menü besteht hier meistens aus Reis mit einer Auswahl an Fleisch oder Fisch – wobei Hähnchen natürlich ganz hoch im Kurs ist.

Je nach Gegend findet man regionale Gerichte vor. So kocht man in der *Sierra* eher mit Kartoffeln und Bohnen, während im *Oriente* eher Yuca, eine Art weiße Kartoffel, verspeist wird. An der Küste ist frischer Fisch beliebt. Eine besondere Spezialität der Andenregionen ist gegrilltes Meerschweinchen (siehe: Die Anden)

Gewürzt wird überall gerne mit Limette und *Aji*, einer Chilipaste.

Die Preisverhältnisse zu den auch bei uns bekannten Ketten sind teilweise irritierend. Während man für 3 Dollar ein ganzes Menü in den ecuadorianischen Restaurants bekommt, sind die Preise bei McDonald´s oder Pizza Hut amerikanisch. Ein Hauptgang kostet also schnell mal über 10 Dollar. Trotzdem oder gerade deswegen sind die Ketten gerade bei wohlhabenderen Jugendlichen beliebt. Dem Reis mit Hähnchen bleiben die meisten aber dennoch treu.

En la calle

In Ecuador wird an jeder Straßenecke Essen verkauft. Ein paar der Speisen lernen Sie in Folgendem kennen:

Der Klassiker der ecuadorianischen Snacks sind zweifelsfrei die *Empanadas.* Die Teigtaschen bestehen aus einem blätterteigähnlichen Teig und sind verschieden gefüllt. Die „Halbmonde“ können Käse oder Fleisch, aber auch exotische Füllungen wie Ananas enthalten. Meistens sind sie frittiert. In einigen Bäckereien gibt es jedoch auch eine Variante aus dem Ofen. Der Teig dieser Teigtaschen ähnelt Hefeteig.

Die meisten Straßenstände bieten besonders gegen Nachmittag verschiedene Snacks an. Viele Schüler oder Berufstätige kaufen sich auf dem Nachhauseweg eine Kleinigkeit zu essen. Grillstände sind am frühen Abend überall zu finden. Neben Fleischspießen oder Würstchen werden Kochbananen, die *Maduros,* mit Käse angeboten. Ebenfalls sehr beliebt ist gegrillter Mais mit Käse oder Mayonnaise.

Auch Früchte erhält man verzehrfertig auf der Straße. Gerade in der Mango Saison wird die gelbe Frucht mundgerecht geschnitten verkauft. Aber auch unreife Mangos werden gerne gegessen. Die grünen, harten Stückchen mögen die Ecuadorianer sauer mit Salz und Limettensaft verfeinert. Gefragt sind auch gekühlte Wassermelonen- oder Ananasstücke. Eine beliebte Süßigkeit ist *Gelatina*. Der rote Wackelpudding wird in Plastikbechern verkauft und manchmal mit Vanillepudding garniert. Gerade bei Hitze gerne genossen wird *Granizado.* Das Eis – also wirklich gefrorenes Wasser – kann man zerhackt kaufen. In einem Becher wird es mit kunterbunten Sirups gesüßt.

Zu trinken gibt es neben den frisch gepressten *Jugos* in ganz Ecuador „medizinische Getränke“. Je nach gesundheitlichen Beschwerden werden die *aguas medicinales* aus verschiedenen Flüssigkeiten und Pulvern gemischt. Besonders gesund soll ein Tee aus Aloe Vera sein. Ein Blatt der grünen Pflanze wird längs aufgeschnitten und das Gelee mit einem Messer entfernt. Mit verschiedenen süßen und warmen Flüssigkeiten wird so ein bräunlicher Tee gemischt.

In der Sierra wird gerne *Cevichocho* am Straßenrand verspeist. Neben den *Chochos*, einer Andenpflanze, die man mit Mandeln vergleichen könnte, enthält der Snack Mais und Kochbananenchips. Außerdem kommt nach Belieben etwas Salat, Limette oder Chilisauce dazu. Gegessen wird aus Plastikschälchen mit einem kleinen Löffel.

Früchte

In Ecuador gibt es unzählige Sorten Früchte. Einige dürften Ihnen noch unbekannt sein, manche haben sogar keinen deutschen Namen. Generell sind alle Früchte sehr süß und nicht mit dem in Deutschland erhältlichen Obst vergleichbar. Da es das ganze Jahr über warm ist, können viele Bäume mehrmals jährlich geerntet werden. Viele Familien haben selbst in kleinen Gärten in der Stadt einen Mangobaum oder einige Bananenstauden. Aus den Massen an Früchten werden Säfte hergestellt. Dazu wird die pürierte Frucht mit etwas Wasser und Zucker vermischt. Die *Jugos* gibt es an jeder Straßenecke zu kaufen und sie werden in vielen Familien zum Essen getrunken.

In Deutschland kaum erhältlich ist zum Beispiel *Tomate de Àrbol* („Baumtomate"), die für Saft verwendet wird und süßlich, ein wenig nach Wassermelone, schmeckt. Auch *Tuna,* deren Inneres an Maracuja erinnert, kennt man in Europa nicht. Die grüne Frucht *Chirimoya* hat weißes Fruchtfleisch und ist äußerst süß!

Ebenfalls eine Kostprobe wert ist die *Guanábana*. Diese Frucht ist grün und hat etwa die Form und Größe eines Footballs. Es gibt nicht nur riesige Exemplare, die *Guanábana* hat außen viele „Stacheln“. Der dunkelgrüne weiche „Kegel“ kann leicht mit einem Messer zerteilt werden, die Dornen stechen zum Glück nicht. Im Inneren findet man viele Kerne in weißem Fruchtfleisch vor. Die Konsistenz des Essbaren kann etwa mit dem Weißen der Litschi verglichen werden. Auch die schwarzen Kerne sind dem Kern dieser Frucht ähnlich. Den Geschmack könnte man am ehesten mit einer sauren Litschi vergleichen. Wegen ihrer Säure wird die Frucht hauptsächlich mit viel Zucker zu Saft verarbeitet.

Tamarinde kennen Sie womöglich bereits als Kochzutat in asiatischen Gerichten. Die braune Frucht gehört zu den Hülsenfrüchten und wächst, etwa vergleichbar mit Bohnen, an Bäumen. Mit Schale erinnert sie ein wenig an eine große Erdnuss. Entfernt man das hellbraune, harte Äußere findet man dunkelbraunes Fruchtfleisch mit Kernen vor. Auf Obstmärkten oder im Supermarkt bekommt man meist dieses *Pulpa* zu kaufen. Die Konsistenz erinnert ein wenig an Datteln. Allerdings ist die Frucht sehr sauer. Sie wird daher nicht pur verzehrt. Der Geschmack kann als ein wenig herb bis zimtig beschrieben werden. Oft wird sie als erfrischender Saft, mit ausreichend Zucker, an Straßenständen angeboten. Gerne gegessen wird außerdem *Granizado de Tamarindo,* was gefrorener Saft ist, der zerhackt in Plastikbechern verkauft wird. Er ist vergleichbar mit dem in Deutschland erhältlichen Eisgetränk „Slush“. Auch sehr beliebt ist Speiseeis, das in diesem Geschmack manchmal erhältlich ist. Bonbons und Lutscher mit *Tamarinde* sind ebenfalls beliebt.

Achotillo ist ebenfalls nicht in Deutschland erhältlich. Die roten „Igel“ haben etwa die Größe von Litschis. Auch das Fruchtfleisch erinnert an diese Frucht. Entfernt man die weiche Schale (die Stacheln sind biegsam und piksen daher nicht), findet man ein weißes „Bällchen“ mit dunklem Kern vor. Der Geschmack erinnert ebenfalls an Litschis, ist allerdings etwas saurer.

Die Kokosnuss hat drei Mal im Jahr Erntezeit in Ecuador. Dabei handelt es sich nicht nur um die bei uns recht bekannte braune kleine Frucht. Man bekommt in Ecuador meist große Kokosnüsse. Die etwa fußballgroßen grünen Bälle werden an der Küste für etwa 1,50 Dollar mit Strohhalm verkauft. Den frischen Kokossaft kann man so direkt aus der Nuss trinken. Die klare Flüssigkeit schmeckt leicht salzig und ist sehr erfrischend. Später kann das Fruchtfleisch ausgelöffelt werden. Auch die in Deutschland erhältlichen Kokosraspeln gibt es an den Straßenständen mit *Coco* zu kaufen. Diese werden aus dem Fruchtfleisch der braunen kleinen Kokosnuss gemacht. Auch diese kann man ganz kaufen und zu Hause aufschneiden oder sich direkt am Straßenstand zerteilen lassen. Eine völlige Überraschung könnte der „Apfel der Kokosnuss" aus dem Inneren der Frucht für Sie sein. Die saftige, tennisballgroße Kugel kann man wie einen Apfel essen. Der *manzana del coco* ist weiß und schmeckt wie süße Kokosraspeln. Die „Schale" ist leicht pelzig, so ähnlich wie bei Aprikosen. Die vielen Straßenstände bieten nicht nur die Naturprodukte, sondern auch Eis oder Kuchen mit Kokosgeschmack an. Gerade an heißen Tagen trifft man im Bus häufig Verkäufer des Kokoswassers. Sie verkaufen die Erfrischung gekühlt in kleinen Tüten. Den Geschmack der Nuss direkt von der Palme am Strand kann nicht mit den in

Deutschland erhältlichen Kokosprodukten verglichen werden. Erst recht nicht, wenn Sie das Kokoswasser am Strand unter Palmen schlürfen.

Zuckerrohr ist weit verbreitet in den Anden, besonders in den etwas wärmeren Regionen nahe des Regenwaldes. Auch *Cana* kann man verzehren. Dazu schält man das etwa 10 cm dicke Rohr und schneidet es in pommesgroße Stücke. So werden sie an manchen Straßenständen in Tütchen verkauft. Auf den Stiften kaut man dann mit den Backenzähnen herum. Der Geschmack ist schwer zu beschreiben, aber nicht einfach nur süß. Die Pflanze hat einen ganz eigenen Geschmack. Hat man den ganzen Saft aus dem Stückchen gekaut, bleiben noch Fasern übrig. Aus *Caña de azúcer* wird auch Schnaps und Saft hergestellt.

Im Allgemeinen sind die Früchte in Ecuador sehr billig, da das Klima sehr günstig ist und nichts importiert werden muss. So kosten beispielsweise 25 Orangen einen Dollar. Ja nach Saison schwanken die Preise in den Markthallen stark. Stöbern Sie mal in Ruhe über einen Markt. Sie werden sicherlich viel Neues entdecken können.

FIESTA

Karneval

Zu Fasching lohnt es sich, die traditionsreichen Dörfer in den Anden zu besuchen. Jeder Ort veranstaltet eigene kleine Umzüge und Festivitäten voller Folklore-Tänze und verschiedener Veranstaltungen. Kinder bespritzen sich an den Tagen gerne mit Wasserpistolen oder werfen mit Konfetti.

Ostern

Auch die Ostertage werden in Ecuador mit besonderen Traditionen zelebriert. An Palmsonntag werden Sträuße aus Bambusgeflechten und duftenden Kräutern wie Kamille oder Thymian gesegnet. Den ganzen Sonntag über säumen Verkäufer der Sträuße den Platz vor vollen Kirchen. In manchen Gemeinden steht sogar ein Esel bereit, mit dem Kinder oder die ganze Familie Fotos schießen können.

Der Tag gleicht vielerorts einem Pfarrfest, bei dem verschiedene Gruppen kleine Snacks verkaufen wie Empanadas oder Getränke. In den Andenregionen werden am *Domingo de Ramos* außerdem *Chihuiltis* gegessen. Die mit Kräutern verfeinerte Maismasse ist mit Käse und Zwiebeln gefüllt und wird im

Blatt der Maispflanze zubereitet.

Ein unvergessliches Erlebnis ist an Karfreitag die Prozession „Cristo del Consuelo“ in Guayaquil. Jährlich pilgern etwa eine halbe Million Gläubige von der Kirche *Cristo del Consuelo* (Christus des Trostes) mit einer großen Figur des gekreuzigten Jesus zu der etwa drei Kilometer entfernten Kirche *Espiritu Santo.* Das Ereignis ist in ganz Ecuador bekannt und es reisen Katholiken aus dem ganzen Land dafür in die Stadt. Obwohl der etwa dreistündige Marsch am frühen Morgen stattfindet, ist es oft sehr heiß. Für eine willkommene Abkühlung sorgen an verschiedenen Stellen die Feuerwehr, die mit Löschschläuchen die Menschenmassen nassspritzt. Aus Lautsprechern am Straßenrand schallen neben Gebeten oder Liedern, ähnlich wie in einer Radiosendung, unter anderem auch Live-Interviews mit Pilgern oder Priestern.

So erfährt man zum Beispiel von den Beweggründen anderer Katholiken, am Marsch teilzunehmen. Am Straßenrand werden Kerzen, Heiligenbilder und Rosenkränze sowie Getränke und Speisen angeboten. So mischt sich unter den Weihrauchduft der Geruch nach Popcorn und Bratfett. Sogar

Lottoscheine und Geschirr kann in einigen Seitenstraßen erworben werden.

Nach einem Schlusssegen vor der Zielkirche gibt es am *Viernes Santo* in vielen Familien traditionell *Fanesca*. Der nahrhafte Eintopf enthält neben getrocknetem Fisch, Mais und Kartoffeln zwölf verschiedene Sorten *granos.* Diese Hülsenfrüchte wie Bohnen oder Linsen stehen für die zwölf Apostel.

Silvester

In Ecuador werden an Silvester traditionell *Viejos* verbrannt. Dies soll Glück im neuen Jahr bringen. Die Puppen werden vor allem an der Küste aus Pappmaché gemacht und bunt bemalt. Oft werden sie wie Comicfiguren, Fußballspieler oder Politiker gestaltet. Schon ab Anfang Dezember werden die Puppen am Straßenrand verkauft und man sieht von kunterbunten kleinen Hündchen bis riesigen Superhelden alle möglichen *Viejos* in Guayaquil.

Besonders große Figuren werden im Zentrum Guayaquils ausgestellt. Sie sind mit den Motivwagen vergleichbar, die an Fastnacht in Deutschland durch die Straßen fahren. Die Künstler arbeiten lange an ihnen und man kann Fotos mit den riesigen Puppen machen.

Blumenfest

Ende Februar ist Ambato einen Besuch wert. Bei der Fiesta da las Flores erblüht die gesamte Stadt und die Bewohner feiern die Blumen mit Paraden und Jahrmärkten.

KULTUREINBLICK: ALLTAGSLEBEN HAUTNAH

Reisen bringt einem eine fremde Kultur ein Stück näher. Was hinter verschlossenen Türen im Privaten geschieht, bekommt man als Tourist auf einer vergleichsweise kurzen Reise eher selten mit. Um einen kleinen Einblick in das Feiern mit der Familie zu bekommen, hier die Beschreibung typischer Feste.

So erlebte eine Deutsche eine ecuadorianische Hochzeit und Geburtstagsfeiern:

„Die Feier ging um 19.30 Uhr mit einem Gottesdienst los. Die Kirche war mit weißen Blumen geschmückt. Vorne saß, mit dem Rücken zu den Gästen, das Brautpaar auf Stühlen. Die Messe war die spanische Version der Trauungen, die ich bis jetzt in Deutschland miterlebt habe. Sowohl die Kleidung des Brautpaares, sie im weißen Kleid und er im Anzug, als auch das Austauschen der Ringe ist in Ecuador

ebenfalls Brauch. Beim Auszug aus der Kirche werfen die Gäste auch Reis und sogar die Tradition mit dem Brautstrauß, dessen Fänger als Nächstes heiraten soll, gibt es.

Nach der Kirche sind alle Gäste in einen Feierraum gelaufen. Der Saal kann für Feste gemietet werden. Die vielen Tische waren in Weiß und Gelb dekoriert und vorne war eine freie Fläche zum Tanzen. Dahinter stand ein schön dekorierter Tisch als Fotokulisse mit der Hochzeitstorte. Nachdem die etwa 40 Gäste Platz genommen hatten, wurden Limonaden an die Tische gebracht. Auf diesen stand bereits eine kleine Stärkung aus kleinen Pralinen und Crackern. Nach einigen Reden und dem Anstoßen mit Sekt ging´s dann auch schon mit dem Tanzen los. Ich kann das Vorurteil, dass Lateinamerikaner gut tanzen können, auf jeden Fall unterschreiben! Egal zu welchem Genre, die Ecuadorianer tanzen einfach super. Sie scheinen die Musik einfach im Blut zu haben! Nach dem Eröffnungswalzer wurde die Musik schnell zu den aktuellen Charts geändert. Hier in Ecuador werden viele spanischsprachigen Lieder gehört, aber auch einige Hits aus den USA. Hinzu kommen traditionelle Lieder, die man direkt als Musik der Indigenen identifizieren kann. Zu dieser bunten Mischung wurde erst einmal ordentlich getanzt.

Gegen Mitternacht wurde das Essen serviert. Es gab – wie sollte es in Ecuador auch anders sein – Reis mit Fleisch und Soße. Bis in die Morgenstunden wurde weiter getanzt und getrunken. Eine kleine Enttäuschung war die große Hochzeitstorte für mich. Nachdem wir sie die ganze Nacht bewundern konnten und zum Foto schießen zu der Kulisse gegangen sind, stellte sie sich als Attrappe raus. Für die Familie war eine echte Torte einfach zu teuer. Dies ist hier nicht selten der Fall, weshalb die Einheimischen nicht mit der Torte rechnen. Es war ein toller Abend, den ich nie vergessen werde. Ich bin der Tante sehr dankbar für die Einladung."

„Auch schon einige Geburtstagsfeiern durfte ich miterleben. Das typische Geburtstagsessen hier ist Reis mit Hähnchen. Traditionell gibt es Geburtstagskuchen mit Kerzen. Wie in Deutschland singt man das bekannte „Zum Geburtstag viel Glück", natürlich auf Spanisch. Beim Auspusten der Kerzen wünscht sich das Geburtstagskind etwas, wie man es auch in Deutschland kennt. Der Wunsch bleibt natürlich geheim.

Einen Brauch in Ecuador kannte ich nicht aus meiner Heimat: Der Cumplañero beißt mit dem Mund ein Stück vom Kuchen ab. Nicht selten drückt dabei jemand von hinten das Gesicht in die Torte. Egal ob mit der Familie oder mit Freunden, hier ist immer klar: Es wird getanzt, getanzt und getanzt. Bei einer Geburtstagsfeier in Ecuador darf natürlich die traditionelle Piñata nicht fehlen. Die bunten Pappfiguren füllt man mit Süßigkeiten oder kleinen Spielzeugen. Die Figur wird aufgehängt und vom Geburtstagskind mithilfe einer Reißleine oder eines Stockes zum Reißen gebracht. Alle Gäste stürzen sich dann auf die kleinen Geschenke und sammeln ein, was sie können. Dieser Brauch ist besonders bei Kindern beliebt.

Ecuadorianer können auf jeden Fall Feste feiern! Ich habe selten so ungezwungene Feiern voller Lebensfreude und nettem Beisammensein in Deutschland erlebt. Bringt jemand mehr Gäste mit als geplant, ist das kein Problem. Und auch die Pünktlichkeit spielt keine Rolle. Die Gastgeber rechnen sowieso erst mindestens eine halbe Stunde nach offiziellem Beginn mit den Gästen!"

Und so feierte sie eine Taufe in Ecuador hautnah mit:

„Alle trafen sich zum Gottesdienst am Abend in der Dorfkirche. Die Taufe verlief ähnlich wie in Deutschland. Auch in Ecuador werden meistens Babys getauft. Der dreijährige Gabriel ist demnach spät in die katholische Kirche aufgenommen worden. Wie in Deutschland das weiße Kleid ist in Ecuador ein weißer Hut Tradition. Der Täufling war von der Matrosenkappe jedoch wenig begeistert. Jeder der beiden Taufpaten erhielt eine Taufkerze.

Nach der Messe trafen sich alle Gäste zum Feiern im Haus der Großeltern des Täuflings. Alles war mit blau-weißen Luftballons dekoriert. Kaum kamen wir dort an, wurde auch schon Musik gespielt und getanzt. So vertrieben alle die schneidende Kälte der hohen Berge. Danach wurden Reden von verschiedenen Familienmitgliedern gehalten. Alle erhielten zur Begrüßung außerdem Süßigkeiten und Gebäck. Anschließend begann das Festessen. Nach einer Portion Pudding gab es Hühnersuppe als Vorspeise. Diese wurde den ganzen Tag in einem riesigen Topf gekocht. Viele im Dorf halfen schon am Vortag, Karotten zu schälen oder Mais vorzubereiten. Der Hauptgang wurde auf keinem Teller, sondern einem Tablett serviert. Es gab reichlich Reis, Kartoffeln mit Erdnusssoße, Salat und

Schweinekotelett. Zum Trinken erhielten alle ein heißes, süßes Maisgetränk, die Chicha.

Nach diesem Festschmaus wurde ordentlich getanzt. Auch reichlich Alkohol durfte nicht fehlen. Nach Mitternacht gab es schließlich noch Götterspeise und eine dreistöckige Schokoladentorte. Die Fiesta wurde noch bis zum Sonnenaufgang fortgeführt. Der kleine Täufling bekam davon zwar nicht viel mit, alle Erwachsenen amüsierten sich aber zu seinen Ehren. So hörte man die ganze Nacht Jubelrufe: „Viva el bautizado“ (Hoch lebe der Täufling). Die lebensfrohe Feier mit der Familie und Freunden wird mir noch lange in Erinnerung bleiben.“

Touren

Grundsätzlich ist es gut möglich, Ecuador auf eigene Faust zu bereisen. Für einige Abenteuer ist jedoch eine geführte Tour nötig. Beispielsweise können die Galapagosinseln nur mit einem ausgebildeten Guide besucht werden. Auch im Regenwald herrschen strenge Naturschutzregeln. Ohne erfahrenen Führer könnte man sich als Tourist dort auch sehr leicht verlaufen. Gleiches gilt für die vielen Vulkane in den Anden. Möchte man den Gipfel in oft über 4.000 Metern Höhe erreichen, empfiehlt sich eine Tour. Je nach Vorlieben kann diese in Reiseagenturen gebucht werden. Einen

Erfahrungsbericht teilt eine Reisende mit Ihnen:

„Ich möchte von einem ganz besonderen Abenteuer meiner letzten Reise in Ecuador berichten:

In den ecuadorianischen Anden gibt es einige hohe Vulkane. Der Cotopaxi ist mit 5.898 Metern einer der höchsten aktiven Vulkane der Welt. Er befindet sich nahe der Hauptstadt Quito. Da die letzte Eruption etwa drei Jahre zurückliegt, kann der Vulkan zurzeit bestiegen werden. Da ich von Berg- und Klettersport sehr begeistert bin, zählte dieses Abenteuer schon lange zu meinen Träumen.

Nachdem ich den „Parque Nacional Cotopaxi" während eines Wochenendausfluges besichtigte und bis zur Schutzhütte auf 4.800 Meter bestieg, wurde ich mir dieses Vorhabens sicherer. Bis zu dieser Hütte, dem Refugio, können Touristen auch ohne spezielle Ausrüstung gelangen. Von dort führt ein kurzer Weg noch etwas höher bis zum Gletscher. Dort wurde mir dann schnell klar, dass man ohne Equipment nicht weiter kann. Ich informierte mich und erfuhr, dass die Besteigung außerdem nur mit einem ausgebildeten Führer möglich ist. Diese Tour hat natürlich ihren Preis!

Das Abenteuer ist riskant und nicht wenige

Reisende kehren aufgrund der Höhe und der dünnen Luft dort oben, der Kälte oder der Anstrengung um oder brechen erst gar nicht vom Refugio auf.

Am Tag des Ascensos luden wir am Vormittag in Quito zunächst die gesamte Ausrüstung in ein Auto und fuhren zum „Cotopaxi Nationalpark". Bei der Fahrt vorbei an endlosen Weiten mit Wildpferden oder der Lagune „Limpiopungo" war der Vulkan die ganze Zeit über beinahe wolkenfrei zu sehen. Je nach Wolken- und Nebelbildung kann er auch plötzlich komplett bedeckt sein.

Vom Parkplatz nahe der Schutzhütte mussten wir die Ausrüstung in Rucksäcken hochbringen. Dieser kleine Aufstieg von nur etwa 200 Höhenmetern scheint leicht zu sein. Auf über 4.000 Metern fällt jeder Schritt jedoch schwerer und die Steigung ist steil. Hinzu kam noch ein eisiger Wind. Ich kannte die Passage jedoch zum Glück schon und wir hatten genug Zeit für das Stück. Außerdem war ich nach einigen Tagen in der Sierra gut akklimatisiert. Untrainierte Besucher schaffen dieses Stück oft nicht.

Oben angekommen gab es eine wärmende heiße Schokolade und ich kam mit vielen anderen Bergsteigern ins Gespräch. Die Stimmung in der gemütlichen

Holzhütte war ausgelassen und alle freuten sich auf das bevorstehende Abenteuer. Schon vor Sonnenuntergang gab es am späten Nachmittag Abendessen und alle ruhten sich in den Schlafsälen in Schlafsäcke eingepackt etwas aus. Das Refugio bietet Platz für etwa 60 Besucher. An diesem Abend waren wir etwa 20 dort oben. Wirklich schlafen konnte bei der Kälte und um die Uhrzeit glaube ich niemand. Der eisige Wind pfiff pausenlos durch die Hütte.

Ab 23.00 Uhr herrschte dann Aufbruchsstimmung unter den Abenteurern. Die Ausrüstung wurde angelegt und der Aufbruch vorbereitet. Ich folgte dem Rat von Rodriguez und legte so viel Kleidung wie möglich an: Drei paar Sportleggings und darüber eine Skihose, mehrere Pullover und eine Skijacke, außerdem mehrere Paar Socken in den Bergsteigerschuhen. Außerdem zwei Paar Handschuhe, eine Wollmütze und einen Schlauchschal. Dazu kam noch ein Helm mit Stirnlampe, ein Klettergurt und ein Trekkingstock. Den Eispickel und die Steigeisen kamen zum Proviant in meinen Rucksack.

Nach einem kleinen „Frühstück" traten der Guide und ich hinaus in die Dunkelheit und Kälte. Rodriguez hatte mich darauf vorbereitet, dass genau in dieser

Nacht der Wind ungewöhnlich eisig pfiff. Nicht nur die Kälte bereitete mir Sorgen. Auch die Höhe ist nicht zu unterschätzen und andere Bergsteiger konnten wegen der Höhenkrankheit nicht aufbrechen. Ich lief dicht hinter meinem Führer her und sah im Schein der Stirnlampe nur seine Füße und das Wegstück vor mir. Da alle Gruppen etwas versetzt aufbrechen, bekommt man von ihnen kaum etwas mit. Lediglich einige Lichtpunkte waren zeitweise unter oder über uns zu entdecken. In langsamem Tempo ging es zunächst etwa zwei Stunden nur über Vulkangestein. Dann legten wir die Ausrüstung für das Eis an und betraten den Gletscher. Die unvorstellbare Kälte erlaubte nur kurze Pausen. Meine Hände waren in den vereisten Handschuhen kaum zu bewegen und mein Atem gefror ebenfalls direkt am Schal. Mein Trinkwasser war natürlich untrinkbar. Der Führer hatte zwar Tee dabei, ich spürte aber kaum Hunger oder Durst.

Abwechselnd rammten wir von dort an die Steigeisen, den Eispickel und den Stock in das Eis. Zum Glück kam ich schnell in einen Rhythmus und fühlte mich sicher auf dem steilen Weg. Nur einige Windböen ließen uns in einigen Passagen kämpfen.

Nachdem wir einige Zeit so gewandert waren,

kam ein gefährlicheres Stück. Links rammte ich meine Werkzeuge ins Eis, rechts tat sich aber ein steiler Abgrund auf. Der Wind riss mich mehrere Male beinahe in die Tiefe und das frontal entgegenschlagende Eis ließ uns mehrmals anhalten.

Rodriguez rief mir zu, dass es zu gefährlich sei. Dieser tobende Sturm sei ungewöhnlich stark und er wollte umkehren. Auf halbem Weg zur Spitze war das natürlich sehr enttäuschend. Glücklicherweise ließ er sich von mir überreden, noch ein kurzes Stück weiterzugehen. Nachdem wir etwas weiterstapften, ließ der Eiswind tatsächlich ein wenig nach. Es konnte also weiter nach oben gehen!

Es folgten weitere Schritte. Mit jedem Meter wurde es kälter und die Luft dünner – aber ich war dem Ziel, der Spitze, näher. Plötzlich bemerkte ich, dass ich nicht nur das Eis im Lichtkegel meiner Lampe, sondern einen gräulichen Schimmer um mich herum sehen konnte. Die Sonne ging auf! Nach mehreren Stunden ohne Zeitgefühl im Eis wusste ich daher, dass nicht mehr viel bis zum Gipfel fehlte. Minute für Minute wurde es immer heller. Der Nebel färbte sich leicht rötlich und schließlich wurde die traumhafte Gletscherwelt um uns herum sichtbar. Eishöhlen und malerische Weiten glitzerten in den morgendlichen Sonnenstrahlen. Als ich mich umdrehte, kamen mir bei dem unbeschreiblichen Panorama die Tränen. Die umliegenden Vulkane zeigten sich in traumhafter Schönheit. Die unvergesslichen Bilder dort oben konnte ich leider nicht fotografieren. Bei dieser Kälte funktionierte mein Handy nicht. Sie werden mir aber hoffentlich lange in Erinnerung bleiben.

Die Sonne ließ meine vereiste Kleidung langsam ein wenig auftauen. Das letzte steile Stück kostete mich noch einmal viel Kraft bei dem starken Gegenwind, schließlich schaffte ich es aber:

5.898 Meter und eine atemberaubende Sicht auf den umliegenden Nationalpark!

Diese Belohnung konnte ich aber nicht lange genießen, der Eiswind trieb uns wieder nach unten. Der Panoramaabstieg führte vorbei an Eishöhlen, Schluchten voller hellblauer Kristalle und unecht wirkender Formationen aus kristallenem Weiß. Ich war bei diesem Schimmern sehr froh über meine Sonnenbrille, trotz der ich sehr geblendet wurde. Einige hundert Höhenmeter tiefer wurde es wärmer und wir konnten etwas Kleidung ablegen. Das letzte Steilstück über Vulkangestein kostete mich wirklich meine letzte

Kraft. Vor allem weil die Füße in den Leihschuhen schmerzten.

Am Refugio angekommen erwartete uns aber ein leckeres Frühstück. Nach insgesamt ganzen zehn Stunden Wanderung hatten wir uns das auch wirklich verdient.

In dieser Nacht schafften es nur noch zwei weitere Gruppen auf den Gipfel. Der eisige Wind ließ die anderen Bergsteiger umkehren. Dieses Abenteuer war ein unvergessliches Erlebnis. Beim Blick auf den Cotopaxi auf der Rückfahrt im Auto konnte ich kaum glauben, dass ich vor einigen Stunden dort oben gewesen war!"

Reisen mit kleinem Budget

FORTBEWEGUNG

Im Land selbst kann man sehr günstig und zuverlässig in alle Städte reisen. Das Reisebussystem ist sehr gut ausgebaut. Die Busse fahren in häufiger Taktung alle Städte und sogar kleine Dörfer an. Die meisten Orte haben einen Busbahnhof, wo man die Tickets und Abfahrtzeiten erhält. Da Ecuador ein kleines Land ist, beträgt die Reisezeit oft wenige Stunden und man zahlt wenig.

Beispielsweise kostet eine Fahrt durch das ganze Land von Norden nach Süden etwa 20 bis 30 Dollar.

Die Busse sind komfortabel mit Klimaanlage und häufig sogar WLAN ausgestattet.

ESSEN

Meidet man die Touristenhotspots, ist sehr günstiges und reichhaltiges Speisen in Ecuador möglich. Beinahe jede Stadt hat eine große Markthalle. Neben frischen Produkten wie Obst und Gemüse werden dort günstige Mittagsmenüs angeboten.

Für zwei bis drei Dollar erhält man ein komplettes Menü bestehend aus Suppe, Hauptgericht (oft wahlweise Fisch oder Fleisch) und einem frisch gepressten Saft (siehe Mittagsessen). Auf diese Weise können Sie traditionelle Gerichte direkt vom Erzeuger genießen und das lebhafte Flair der vollen Markthalle miterleben.

WOHNEN

Da Ecuador von vielen Backpackern bereist wird, gibt es günstige Hostels, in denen man für etwa zehn Dollar übernachten kann. In den günstigsten Unterkünften sollte man sich jedoch auf einen sehr einfachen Standard einstellen. Nicht immer ist beispielsweise warmes Wasser ein Standard, auch nicht in den kalten Anden.

GALAPAGOS GÜNSTIG?

Die oft als luxuriös bekannten Galapagosinseln können auch mit kleinem Budget bereist werden. Statt einer oft teuren Kreuzfahrt können Besucher auf einer der bewohnbaren Inseln übernachten und von dort Tagesausflüge per Boot auf die anderen Inseln unternehmen. So sehen Sie einen Großteil des Archipels für kleines Geld. Die Tourboote legen mehrmals täglich von den Häfen ab. Oft reicht es, dort vorbeizugehen und sich einer Tour anzuschließen. Bewohnt sind die Inseln *Isla Santa Cruz, Isla San Cristobal, Isla Isabela* und *Isla Floreana.*

SPRACHE

Auch ohne Spanischkenntnisse kommt man, zumindest in touristischen Regionen, gut mit Englisch zurecht. Es lohnt sich aber häufig, die Spanischkenntnisse vor der Reise aufzufrischen. Die Einheimischen freuen sich nicht nur, wenn Touristen sich bemühen, mit ihnen auf Spanisch zu kommunizieren. Bucht man eine Tour, ist diese oftmals in spanischer Sprache günstiger. Zudem ist es einfacher möglich, über Preise zu verhandeln.

Praktische Reisetipps

EINREISE

Für deutsche Touristen ist es grundsätzlich problemlos möglich, in das Land einzureisen. Am Flughafen erhält man ohne Visum einen Aufenthaltsstempel für bis zu 90 Tage. Während des Aufenthalts sollte man stets eine Kopie des Passes mit der Aufenthaltsgenehmigung mit sich führen.

SPRACHE

In touristischen Gebieten kann man sich meist sehr gut mit Englisch zurechtfinden. In ländlicheren Regionen kann es jedoch gut sein, dass die Menschen ausschließlich Spanisch sprechen. Auch nicht alle Jugendlichen sprechen Englisch. Es ist daher empfehlenswert, sich vor der Reise einige Vokabeln anzueignen oder ein Wörterbuch mitzuführen.

LEITUNGSWASSER

Das Leitungswasser in Ecuador sollte auf keinen Fall getrunken werden. In Plastikflaschen abgepacktes „Agua" erhalten Sie günstig in jedem kleinen Geschäft. Das Hahnwasser in Hotels kann zum Zähneputzen und Kochen generell verwendet werden. In den Anden ist es häufig Bergwasser. In den Städten wird es in der Regel gefiltert. Sollten Sie sich unsicher sein, greifen Sie besser auf gekaufte Flaschen zurück.

GESUNDHEIT

Die medizinische Versorgung ist, insbesondere in den Städten, gut. In ländlichen Gebieten, vor allem im Amazonasgebiet, können Arztpraxen rar sein. Häufig wird man bereits beim Betreten der Praxis nach einer Anmeldegebühr gefragt. Auch jede weitere Behandlung muss direkt bezahlt werden. Gegebenenfalls wird dies später von Ihrer Reisekrankenversicherung übernommen. Apotheken findet man in jedem Ort. Sie heißen *Farmacias* und sind grundsätzlich gut bestückt.

IMPFUNG

Für die Einreise gibt es aktuell keine Impfvorschriften. Dennoch sind einige Impfungen empfehlenswert. Dazu zählen Hepatitis A oder Tollwut. Möchte man den Regenwald besuchen, sollte zusätzlich gegen Gelbfieber geimpft werden. Informieren Sie sich hierfür beim Tropeninstitut (zum Beispiel in Berlin, Hamburg oder Dresden).

GELD

In Ecuador zahlt man in US-Dollar. Es gibt zahlreiche Wechselstuben. Nach dem Wechsel sollten Sie die Banknoten auf Echtheit prüfen. Mit EC- oder Masterkarte ist es möglich, an einem der vielen Geldautomaten Geld gegen eine Gebühr abzuheben. Automaten sollten Sie am besten nicht auf der Straße aufsuchen. Besser sind geschützte in Malls, die meist videoüberwacht werden.

POST

Das Postsystem „Correos" funktioniert zwar nicht einwandfrei und Pakete kommen nicht immer zuverlässig beim Empfänger an. Postkarten werden hingegen oft erfolgreich versendet.

REISEZEIT

Durch die landschaftlich sehr große Spannbreite in den vier Regionen des Landes gibt es unterschiedliche klimatische Bedingungen in jedem Gebiet. Daher kann kein optimaler Reisezeitraum genannt werden. Ecuador ist das ganze Jahr über bereisbar.

ZEIT

Da Ecuador direkt am Äquator liegt, sind alle Tage gleich lang, egal ob Winter oder Sommer. Die Sonne geht immer gegen 6 Uhr auf und etwa um 18 Uhr unter. In Ecuador ist es stets sechs oder sieben Stunden früher als in Deutschland (Zeitzone GMT -5).

Top Drei

Wir haben für Sie einige Highlights rausgepickt, die Sie auf Ihrer Reise auf keinen Fall verpassen sollten!

RESTAURANTS

Vista Hermosa, Quito
Traditionelle Küche mit Blick über die Dächer der Hauptstadt

Café Flor, Tena
Genuss im Regenwald

Bar el Quilla, Montanita
Beim Speisen den Surfern zuschauen

HOTELS

Casona de la Ronda, Quito
Gehobenes Hotel in der Altstadt

Hacienda La Alegria Cayambe, Cayambe
Leben auf der Pferderanch mitten im Bergpanorama

Hostal-Restaurante el Jardin, Puyo
Übernachten im Regenwald

PARKS

Parque Abdon Calderon, Cuenca
Bei Jung und Alt beliebt

Parque Alemada, Quito
Großer Park mit Seen, auf denen Boot gefahren werden kann. Einschließlich Sternwarte

Parque Condor, Otavalo
Beliebt unter Vogelfans, da der Kondor gut beobachtet werden kann

MUSEEN (MEIST FREIER EINTRITT)

Museo Guayasamin, Quito
Bildergalerie des wohl bekanntesten Malers Ecuadors Oswalde Guayasamin sowie Kunsthandwerk

Museo Sombrero, Cuemca
Erfahren Sie alles über Hüte. Von der Geschichte über die Herstellung bis hin zur Weiterverarbeitung können Sie viel über das Accessoire lernen

Parque Historico, Guayaquil
Mischung aus Zoo und Geschichtsmuseum

EINKAUFEN

Mall del Sol, Guayaquil
Bekannte Einkaufspassage mit gängigen Läden

Mercado artesanal „La Mariscal", Quito
Kunsthandwerksmarkt

Mall el Fortin, Guayaquil
Bekannt für ihr großes Kino ist diese Mall einen Besuch wert

AUSGEHEN

La Ronda, Quito
Gässchen mit vielen Bars und Kunstateliers, die nicht nur abends besucht werden können

Montanita
Ein ganzes Küstenstädtchen zum Feiern mit vielen Bars am Strand

Disco Ritmo, Cuaneca
Besonders bei Studenten beliebte Disco

Beispielprogramm

FÜR EINE REISEDAUER VON ZWEI WOCHEN

Dieses Reiseprogramm dient als Orientierung für Ihre Reise von zwei bis drei Wochen auf dem Festland. Für einen Besuch der Galapagosinseln sollte eine weitere Woche eingeplant werden.

1. Tag:
Hinflug nach **Guayaquil**.

Nach der anstrengenden Reise können wir uns ausruhen und am Abend einen entspannten Spaziergang über den „Malecon 2000" unternehmen. Die Straßen zwischen den bunten Häusern des Künstlerviertels „Las Penas" laden zum Erkunden ein.

Vom Hügel „Cerro Santa Ana“ haben wir einen großartigen Blick auf die beleuchtete Stadt.

Die Stufen zum Berg sind zu viele? Das Panorama können wir auch ganz bequem vom Riesenrad „La Perla“ aus genießen.

2. Tag:
Unseren ersten Morgen in Guayaquil starten wir mit der typischen Fischsuppe *Encebollado*. Wem es noch zu früh für dieses deftige Gericht ist, sagt vielleicht ein frisch gepresster Papayasaft mit einer *Empanada* (gefüllte Teigtasche) eher zu.

3. Tag:
Der bequeme Reisebus bringt uns in etwa vier Stunden nach **Puerto Lopez**. Im bunten Fischerdorf angekommen können wir über die bunte Strandpromenade flanieren oder uns in einer Hängematte entspannen. Am Abend lassen wir uns den fangfrischen Fisch schmecken und genießen den Sonnenuntergang am Meer.

4. Tag:
Mit einem Kutter brechen wir früh auf. Unsere Mission lautet: Wale beobachten. Mit etwas Glück treffen wir auf der Fahrt zur „Isla de la Plata“ auf eine

Gruppe der gewaltigen Meeresbewohner. Vielleicht sind sogar Junge dabei?

Auf der Insel, die als „**kleines Galapagos**“ bekannt ist, können wir die Blaufußtölpel beim Paarungstanz entdecken. Der Guide erklärt uns außerdem viel zu der Vegetation der Insel, die so sonst nur auf den Galapagosinseln zu finden ist.

Kälteunempfindliche haben danach die Möglichkeit, die Unterwasserwelt beim Schnorcheln zu erkunden. Neben vielen Fischen leben zum Beispiel Rochen um die Insel.

Nach diesem aufregenden Tag geht unsere Reise weiter in Richtung der Anden. In **Cuenca** wartet eine völlig andere Welt auf uns.

5. Tag:

Die wunderschöne Kolonialstadt Cuenca lädt uns heute zum Erkunden ein. Neben vielen ausgezeichneten Museen möchten die vielen Kirchen und Regierungsgebäude bestaunt werden. In einem der schönen Parks lässt sich das Bergpanorama außerdem genießen.

Auf dem Menü für heute steht das typische Gericht der Stadt: „Motepillo“. Lasst euch vom unbeschreiblichen Geschmack dieser speziellen

Maispflanze überraschen!

6. Tag:

Nahe der Stadt liegen die berühmten Inkaruinen **Ingapirka,** die unser heutiges Ziel sind. Hier erfahren wir viel über die antike Inkakultur. Und das ganz ohne den großen Bruder „Machu Picchu“ zu besuchen.

Der Bus bringt uns danach zu unserem nächsten Ziel, die Stadt **Baños de Agua Santa**.

7. Tag:

Die schöne Stadt Baños im Schatten des Tungurahua wird heute von uns erkundet. Sie ist bekannt für die Thermalbäder, die direkt vom Vulkan gespeist werden. Sie laden zum Entspannen ein.

In der urigen Markthalle lassen wir uns das Gericht der Stadt schmecken. Der „Yapingachu“ mit Kartoffeltalern, Spiegelei, Erdnusssauce und Würstchen muss einfach probiert werden.

8. Tag:

Mit dem Fahrrad geht es für uns heute die „Ruta de las Cascadas“ entlang. Mitten im atemberaubenden Bergpanorama können wir unzählige Wasserfälle entdecken. Der größte, der „Pailon del Diablo“, wird

„Teufelsnase“ genannt. Wir überqueren ihn über eine Hängebrücke und können uns im kühlen Wasser erfrischen. Zurück in der Stadt laden die vielen Verkaufsstände zu einem besonderen Genuss ein. Wir erfrischen uns mit einem frisch gepressten Zuckerrohrsaft.

9. Tag:

Baños ist in Ecuador besonders für eines bekannt: Extremsportarten. Es muss ja nicht gleich Bungee Jumping sein. Wasserfallklettern oder Rafting kann hier ausprobiert werden. Wenn es doch etwas Ruhigeres sein soll, laden die umliegenden Berge zum Wandern ein. Von den „Antenas“ haben wir beispielsweise einen herrlichen Blick auf die Stadt und die gesamte Umgebung.

10. Tag:

Weiter geht es heute für uns Richtung Hauptstadt. In **Quito** erwartet uns die wunderschöne Altstadt. In den Gassen stoßen wir auf unzählige prunkvolle Kolonialkirchen. Diese sind nicht nur von außen betrachtet beeindruckend. Das Innere einiger dieser Prachtbauten ist atemberaubend. Auch viele Museen laden zu einem Besuch ein.

In einem der schönen Cafés auf dem „Plaza Grande“ können wir uns den Maiskuchen „Humita“ mit einer Tasse ecuadorianischen Kaffee schmecken lassen und das bunte Treiben beobachten.

11. Tag:
Hoch hinaus bringt uns die Seilbahn „Teleferiquo“. Vom „Hausberg“ der Stadt aus, dem Vulkan „Rucu Pichincha“, haben wir einen Panoramablick über ganz Quito. Wenn wir keine Probleme mit der Höhenkrankheit auf den über 4.000 Metern haben, spazieren wir ein wenig auf dem Berg. Eine Kapelle kann besucht oder eine Runde geritten werden.

Am Abend stürzen wir uns ins Getümmel in der Künstlergasse „Calle La Ronda“. Bei Straßenmusik wird dort die ganze Nacht getanzt und Künstlerwerkstätten sind für Besucher geöffnet.

12. Tag:
Unser heutiger Ausflug führt uns zum Erdmittelpunkt, der „**Mitad del Mundo**“. Das Äquatordenkmal mit großem Museumskomplex bietet uns nicht nur viele interessante Informationen zum Äquator. Wir erfahren viel über die ecuadorianische Kultur und Geschichte. Im Eismuseum lernen wir, wie das

traditionelle „Pfanneneis“ („Helado de paila“) mit Gletschereis hergestellt wird. Selbstverständlich probieren wir danach die exotischen Sorten wie Taxo oder Guaba. Unsere eigene Schokolade stellen wir im Kakaomuseum her.

Interessierte haben zudem die Möglichkeit, die Spezialität der Anden zu probieren. Gegrilltes Meerschweinchen gilt hier als wahre Delikatesse!

In den vielen Souvenirshops können von Magneten bis hin zum Panamahut Andenken erworben werden.

13. Tag:

Unseren letzten Reisetag verbringen wir entspannt im „Centro Historico“. Es warten noch einige Kirchen und Museen darauf, erkundet zu werden. Außerdem geht es wieder einmal hoch hinaus: Zum Denkmal „Panecillo“. Von dort oben sehen wir die soeben besichtigten Kolonialgebäude noch in Spielzeuggröße. Auch die umliegenden Vulkane sehen wir bei gutem Wetter hervorragend.

14. Tag:

Rückflug nach Deutschland.

OPTIONAL BEI DREI WOCHEN REISE:

15. Tag:

Nahe dem Städtchen besuchen wir einen der schönsten Strände Ecuadors. Bei der Panoramawanderung „Los Frailes“ kommen wir an vielen Aussichtspunkten vorbei. Bei gutem Wetter lädt das Meer außerdem zu einer Abkühlung in den Wellen ein.

16. Tag:

Eine völlig andere Welt erwartet uns im *Oriente* Ecuadors. In der Stadt **Tena** lernen wir den Regenwald kennen!

Heute besichtigen wir zunächst die Stadt mit schönen Parks und gewöhnen uns an das tropische Klima.

17. Tag:

Nur etwa eine Autostunde von Tena entfernt liegt der Ort **Puerto Misahualli.** Hier kommen wir dem Regenwald noch ein Stück näher. Am Flussufer des „Rio Pastaza“ toben Äffchen umher und aus dem Dickicht am anderen Flussufer tönen Papageienrufe. Der Fluss lädt zu einem erfrischenden Bad ein und bei einem Spaziergang durch das Dorf erzählen

Indigene von ihren Traditionen. So sind gegrillte Mehlwürmer hier zum Beispiel eine Spezialität. Buen provecho!

18. Tag:
Heute tauchen wir tatsächlich in den Dschungel ein. Bei einer Regenwaldtour lernen wir viel über medizinische Pflanzen und entdecken mit etwas Glück sogar ein Faultier im Dickicht. Beim Besuch eines Stammes werden uns traditionelle Tänze präsentiert. Mit dem Maisgetränk „Chicha" stoßen wir mit den Einheimischen an. Der im Bananenblatt gegrillte Fisch „Maito" schmeckt mit der selbstgeernteten „Yuca" frisch gefangen besonders gut.

19. Tag:
Der größte andine Kunsthandwerksmarkt ganz Lateinamerikas öffnet jeden Samstag seine Pforten. Neben Ponchos und Kleidung können wir in **Otavalo** viele Souvenirs kaufen.

20. Tag:
In mystischem Türkis glänzt das Wasser des Kratersees **Quilotoa**, den wir heute besuchen. Die Lagune kann in etwa fünf Stunden umwandert werden.

Aufgrund der Höhe sollte die Route jedoch nicht unterschätzt werden.

Auf dem See können wir eine Runde mit dem Kajak drehen.

Herstellung und Verlag:
BoD – Books on Demand, Norderstedt
ISBN: 9783751989442

1. Auflage
Kontakt: Psiana eCom UG/ Berumer Str. 44/ 26844 Jemgum
Covergestaltung: Fenna Larsson
Coverfoto: depositphotos.com